¿ESTÁ TODO HECHO DE INFORMACIÓN?
"IT FROM BIT"

Hay problemas que surgen en las matemáticas, y en sus aplicaciones, como por ejemplo en "Estadística" y en "Física estadística", que requieren calcular los "factoriales" de números muy elevados. Para ello se requeriría hacer una gran cantidad de multiplicaciones, y además muy largas, tanto más cuanto más se va avanzando en el cálculo. Imaginemos la cantidad de tiempo, trabajo y esfuerzo que haría falta para calcular, por ejemplo, 800.000 ! , si tuviéramos que efectuar todas las multiplicaciones usando el método habitual.

(En matemáticas, se llama factorial de un número cualquiera "n", al resultado de multiplicar todos los números consecutivos desde 1 hasta "n", y se representa así: n!; $n! = 1 \cdot 2 \cdot 3 \cdot 4 \ldots \ldots \ldots n$)

Y, 800.000 ! , es "pequeño", relativamente hablando, si lo comparamos con los "factoriales" cuyo valor se necesita conocer en problemas prácticos del mundo real.

En "mecánica estadística", por ejemplo, cuando se aplica en "Termodinámica", para conocer la **_probabilidad_** de que las partículas se encuentren en una disposición o configuración determinada, de entre todas las posibles, hay que determinar primero la cantidad precisa de tales configuraciones o arreglos, que se calcula usando "factoriales".

Para hacernos una idea de los números tan grandes que hay que manejar en esos casos, basta con pensar que en un centímetro cúbico de aire puede haber trillones de moléculas.

Debido a esta dificultad, para calcular el valor de "factoriales" muy elevados se utiliza la "aproximación de Stirling", que ofrece una buena aproximación al valor real, con un cálculo muy sencillo.

Y como la "mecánica clásica" es una aproximación a la "mecánica cuántica", cuyas leyes describen con más precisión el mundo en qué vivimos, y por tanto es imprescindible usarla, sobre todo al estudiar los procesos atómicos y moleculares, hace falta también conocer las dos "estadísticas cuánticas", la de Bose-Einstein y la de Fermi-Dirac, además de la clásica, llamada "estadística de Maxwell-Boltzmann".

Es la teoría cuántica la que permite entender asuntos tan importantes como la "Tabla periódica de los elementos", por qué los elementos de una misma columna de la Tabla tienen propiedades químicas similares, y por tanto entender toda la química, y lógicamente también después la bioquímica y la biología molecular; cuando se llega ya al nivel de la biología molecular se pueden empezar a comprender, hasta el grado de entendimiento al que se ha llegado hasta ahora, los fascinantes procesos que acontecen en los organismos vivos, como la formación de un ser vivo a partir del código genético en el ADN, la división celular, la regeneración, el desarrollo de un embrión, y el que continúa después hasta el organismo adulto, el funcionamiento del sistema inmune o inmunológico, el papel del cerebro en el funcionamiento coordinado de todas las partes y sistemas de un organismo complejo, el papel que desempeñan los neurotransmisores y las hormonas, y muchas cosas más; la teoría cuántica permitió también el desarrollo del láser y de la "resonancia magnética nuclear", con las múltiples aplicaciones que tienen, y en general del impresionante desarrollo tecnológico actual.

Además de esto es imprescindible, junto a la Teoría de la Relatividad, para la comprensión de la Cosmología moderna, y de las muchas propuestas cosmológicas que se estudian hoy día, y que requieren comprender la relación entre estas dos teorías; la unificación de la mecánica cuántica y la relatividad especial condujo a la "teoría cuántica de campos", la mejor explicación que se tiene hasta ahora de la "física de partículas", y a su vez un desarrollo posterior de ésta, llevó a la "Teoría de cuerdas", y después a la "Teoría M"; los físicos que trabajan en estas teorías, consideran en general, que el problema más complejo de unificar la Teoría Cuántica, no solo con la relatividad especial, sino también con la Relatividad General (que incluye a la gravedad), ya está resuelto, pues en ellas se incluye un "modelo de cuerdas vibratorias cerradas (como un lazo)", cuyas propiedades coinciden con las del "gravitón", la hipotética "partícula" mediadora de la interacción gravitatoria; pero antes de surgir la Teoría de cuerdas, y su desarrollo posterior: la Teoría M, ya se habían hecho intentos de unificar Teoría Cuántica y Relatividad General, en lo que se conoce como "Gravedad Cuántica Canónica", que a su vez condujo a muchos desarrollos, como por ejemplo, "redes de espín", "twistors", "gravedad cuántica de bucles (o "de lazo")", "conjuntos causales", "triangulaciones dinámicas causales" , "dinámica de formas" y otras propuestas; Stephen Hawking también se dedicó a este campo de investigación, concentrándose en el estudio de los "agujeros negros", entidades astronómicas predichas por la Relatividad General, y su relación con la Teoría Cuántica: al estar tales objetos inmersos en el "vacío cuántico", que se diferencia del "vació clásico", porque en él, debido al "principio de incertidumbre energía-tiempo", se están continuamente creando y aniquilando pares de partículas y antipartículas; y eso le llevó a la predicción de la llamada "radiación de Hawking". El estudio de la entropía del agujero negro, desembocó en la propuesta del "principio holográfico", que sugiere que la realidad que percibimos, en la que vivimos, y de la que nosotros mismos formamos parte, podría originarse a partir de una especie de "proyección holográfica" de "información codificada", contenida en la "frontera" que rodea y limita el "volumen" en el que experimentamos nuestra existencia.

Si te interesan estos temas, se consideran con más amplitud y profundidad en este libro:

Hace tiempo que David Deutsch describió un televisor corriente, como un "generador de realidad rudimentario"; después de todo, cuando estamos viendo un programa de televisión, pensamos y sentimos que estamos viendo y oyendo a personas reales, o entornos y criaturas reales, cuyas imágenes y sonidos se están transmitiendo en directo, en tiempo real, o han sido grabadas previamente, y verdaderamente es así; pero para que lleguen al aparato tienen que ser transformadas y codificadas, modulando características de las ondas electromagnéticas, como la amplitud o la frecuencia; si pudiéramos ver esas ondas no se parecerían a las imágenes y sonidos que salen del televisor, pero éste está diseñado para invertir el proceso y que aparezcan de nuevo como las imágenes y sonidos que modularon las ondas; esas ondas contienen la "información codificada" necesaria.

Lo mismo se puede decir si lo que vemos y oímos proviene de un DVD o de un archivo de ordenador; lo que contienen esos soportes es información codificada, muescas microscópicas hechas con láser, en el caso del DVD, o datos en código binario, tal vez grabado en soporte magnético, en el caso de archivos informáticos. La misma información se puede codificar de muchas formas distintas.

Siguiendo esa misma línea de razonamiento, nosotros mismos y toda la realidad que experimentamos, podría originarse de un "generador de realidad" muchísimo más avanzado y sofisticado, y se están proponiendo y estudiando "modelos de Universo" (o de "Multiverso") basados en estas ideas, muy relacionadas con la "informática cuántica".

Y al fin y al cabo, ¿qué son las matemáticas sino "información codificada" en el lenguaje del simbolismo matemático?. Y sin embargo modelan las estructuras y procesos del mundo natural; cuando se aplican a su estudio, sus fórmulas y ecuaciones, describen, aunque sea de forma simplificada y aproximada, las relaciones que conforman la realidad que experimentamos.

El ingrediente fundamental que constituye la realidad podría ser simplemente la "información", como ya sugiriera John Wheeler, uno de los pioneros en el estudio de la "Gravedad Cuántica Canónica", cuando acuñó la frase: "It from bit", y no lo que llamamos "moléculas", "átomos", "partículas elementales" o "campos cuánticos"; después de todo, esas mismas entidades se han hecho mucho más abstractas e intangibles cuando se ha aprendido más de ellas, y se consideran más bien como la manifestación de las relaciones matemáticas con las que son representadas, información, a fin de cuentas, aunque eso sí,

información altamente organizada, cómo se ve claramente por el hecho de que las relaciones de las que se originan, son relaciones matemáticas muy precisas y coordinadas; no funcionarían como lo hacen, ni generarían la compleja realidad que experimentamos, y a nosotros mismos, también altamente complejos y organizados, si en lugar de esas fórmulas, fuesen otras, garabateadas al azar, sin sentido, y sin prestar atención al encaje correcto y adecuado que se aprecia claramente en las que hemos descubierto al estudiar el mundo real. El edificio no se desplomaría, sino que ni siquiera llegaría a construirse.

Las "matemáticas" se nos presentan así como ideas, conceptos y relaciones entre ellos, con poder generador, como generadoras de realidad, y esto puede ser un motivo adicional para intentar entenderlas lo mejor posible, hasta el grado que podamos.

¿Estamos hechos de algo tan intangible y abstracto?. ¿Se genera todo, las estrellas, las rocas, los pájaros, las flores, y todo lo demás, a partir de una especie de software muy complejo y avanzado, como en las películas de ciencia ficción "Matrix", "Nivel 13", "Virtuosity", "Existenz" y otras?. En el nivel más fundamental de la realidad, ¿los ingredientes que la originan son algo muy distinto de lo que nosotros percibimos y experimentamos?. Parece extraño, pero los descubrimientos científicos, y las tecnologías que han permitido desarrollar, ofrecen fuertes indicios de que algo semejante pudiera ser cierto, y puede que con el tiempo se descubran cosas asombrosas, que revelen que el fundamento de la realidad es aún más extraño todavía.

¿Acaso los personajes y escenarios de los videojuegos, o lo que se puede percibir con técnicas de realidad virtual, no se genera también de manera parecida?

¿Qué somos realmente nosotros, y dónde existimos?.

¿POR QUÉ ESTA SERIE?

La motivación para escribir mi primer libro, fue ofrecer un panorama general de los interesantes descubrimientos que se han hecho hasta ahora sobre la realidad en qué vivimos y de la que formamos parte, que fuese asequible y entendible para toda persona, y así lo expliqué en el prólogo:

"Desde la antigüedad la humanidad se ha esforzado por comprender lo mejor posible el Universo y el mundo en que vive, en gran parte por necesidades prácticas, pero también en buena medida por la curiosidad innata que parece inherente al ser humano.
En la actualidad se ha llegado, edificando sobre los conocimientos acumulados durante siglos, a un entendimiento profundo de muchos de los aspectos de nuestro mundo, y mucho de lo que se ha descubierto ha causado sorpresa y ha planteado nuevos interrogantes, que son objeto de intensa investigación.
Probablemente muchas personas sientan interés por lo que se ha descubierto hasta ahora, y por los métodos que han hecho posibles tales descubrimientos.
Puede que muchos se pregunten cómo es posible saber la composición de los astros, que están a distancias inalcanzables, y cómo se determinan tales distancias, o

cómo se ha obtenido conocimiento del mundo submicroscópico.

Quizá muchos quisieran entender algo sobre la relatividad y la teoría cuántica, y las cosas extrañas que esas teorías han revelado sobre la naturaleza del espacio y el tiempo, de la materia y la energía.

También es sumamente interesante lo que se ha descubierto sobre el ADN, y la manera en que el código genético da origen a las variadas y complejas formas de vida, o el papel que desempeña el cerebro en nuestra percepción y concepción de la realidad.

En estas páginas se intentan explicar las ideas esenciales sobre esos temas en un lenguaje sencillo y asequible, de forma que puedan ser entendidas sin necesidad de conocimientos previos, y puedan ser útiles a los que sienten curiosidad por tales asuntos.

Si logran su objetivo, las explicaciones que aquí se presentan pueden servir de base para que después cada cual, si lo desea, profundice en aquello que más le interese, así como para estar preparados para asimilar los nuevos hallazgos que sin duda llegarán, a medida que la investigación en todos los campos progrese."

Después de algunas explicaciones adicionales que se fueron añadiendo, el resultado fue este libro:

que considera los siguientes temas:

Índice

EL UNIVERSO..

El modelo geocéntrico

El modelo de Copérnico simplifica el sistema

El orden descubierto por Kepler

Los estudios de Galileo sobre el movimiento

La unificación de Newton

¿Cómo se miden las distancias a los astros?

Las variables cefeidas

¿Cómo se forman las estrellas?

Galaxias, cúmulos galácticos y supercúmulos

¿Cómo surgió la teoría del Big Bang?

Modelos de Universo

Nuestra galaxia: La Vía Láctea

La refracción de la luz

¿Cómo se midió la velocidad de la luz?

¿Cómo se formó el Sistema Solar?

LA TIERRA..

El tiempo geológico

La orogénesis

La Tierra en el comienzo

La deriva continental

¿Cómo se conoce la composición interna del planeta?

La Tectónica de Placas

¿Cómo se calcula la edad de la Tierra?

¿Cómo se calculó en la antigüedad el tamaño de la Tierra?

¿Cómo se determinan los grados de inclinación del eje terrestre con respecto al plano de su órbita en torno al Sol?

¿Qué es la precesión de los equinoccios y a qué se debe?

LA MATERIA..

Los principios matemáticos

Mecánica estadística. La teoría cinética de los gases

La hipótesis de Avogadro.

Los pesos atómicos relativos. Definición de mol

Las leyes de la termodinámica

Otras fuerzas

La unificación de Maxwell

El origen de la teoría de la relatividad

La relatividad de la simultaneidad

El espacio de Minkowski

Electromagnetismo y mecánica

El aumento de la masa con la velocidad

Masa y energía

La Relatividad general

El principio de equivalencia

La "generalidad" de la Relatividad general

La teoría cuántica. Luz y materia

La radiación de cuerpo negro

El efecto fotoeléctrico

La naturaleza eléctrica de la materia

El modelo atómico de Thompson

El modelo nuclear de Rutherford

La Teoría cuántica "salva" al átomo: el modelo de Bhor

El modelo de Bhor y el espectro del hidrógeno

La idea de De Broglie

La nueva mecánica cuántica

Las matrices de Heisenberg

La formulación de Dirac, la mecánica matricial y la mecánica ondulatoria

El principio de indeterminación y las ondas de probabilidad

El concepto de "campo cuántico"

Las fuerzas nucleares

Física de partículas

La unificación de las fuerzas

Unificación electrodébil

Cromodinámica cuántica

Las GUT (Teorías de gran unificación) y el modelo estándar

Gravedad cuántica, supersimetría, supergravedad y supercuerdas

Supercuerdas y Teoría M

MOLÉCULAS ORGÁNICAS..

Genética y Biología molecular

Las leyes de Mendel

Moléculas orgánicas

La teoría cuántica y la Tabla periódica

¿Qué representa la "función de onda"?

Interpretaciones de la teoría cuántica

¿Qué es la realidad?

¿Crea el "cerebro" la realidad? (Cerebro, tiempo y realidad)

SISTEMA NERVIOSO Y ORGANISMO...

FISIOLOGÍA : El cuerpo humano

Sin embargo puede que diferentes personas se interesen solo en preguntas muy específicas, y aprecien una respuesta más breve, que no requiera tanta lectura y les ahorre tiempo.

Además, iniciar y disponer de una serie de relatos cortos, puede hacer posible, no solo presentar información que ya está contenida en otros libros más extensos, sino también ir ampliando las explicaciones progresivamente, y también escribir sobre nuevos temas que puedan interesar, y sobre "los nuevos hallazgos que sin duda llegarán, a medida que la investigación en todos los campos progrese", manteniéndonos así al día, pues se siguen descubriendo cosas nuevas sumamente sorprendentes e intrigantes.

Para aquellos que, después de leer un relato corto sobre un asunto específico que les interesa, quieran obtener ya información sobre otros temas, que todavía no se hayan tratado en esta colección, se presentan a continuación algunos de los libros más extensos ya publicados.

SUGERENCIAS PARA LOS QUE QUIERAN INFORMACIÓN SOBRE TEMAS AÚN NO TRATADOS EN ESTA SERIE (Se incluyen también los índices de cada libro, porque comparten información, aunque con algunas variaciones y añadidos, ya que se dirigen a lectores con diferentes intereses):

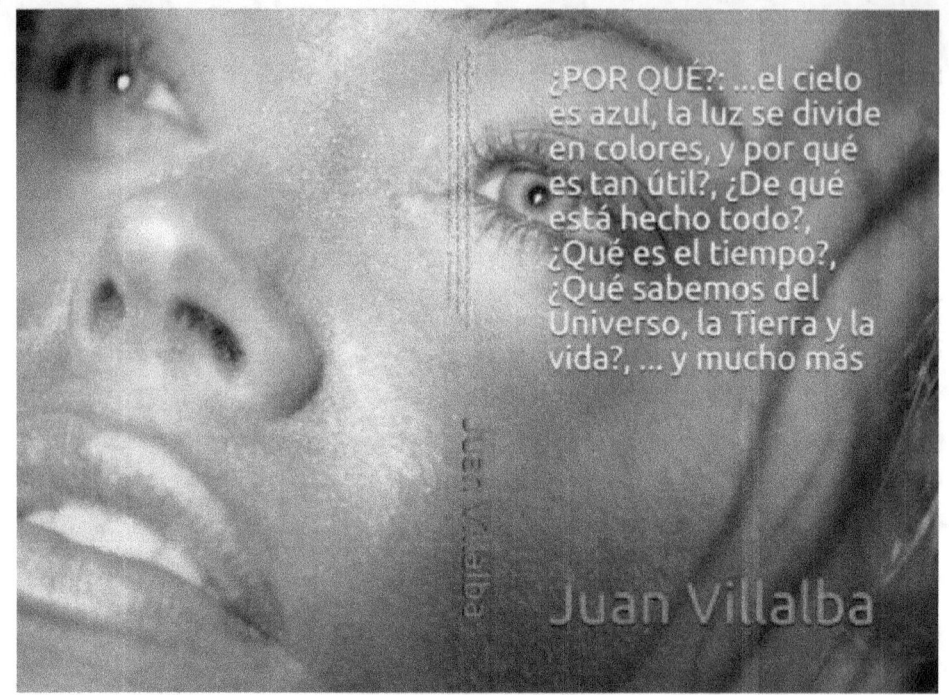

ÍNDICE

NUESTRA CURIOSIDAD INNATA...Y LA EMOCIÓN DE DESCUBRIR

(La emoción de desvelar misterios)

Comencemos

CONSIDERACIÓN GENERAL DE DESCUBRIMIENTOS CIÉNTÍFICOS IMPORTANTES Y CÓMO SE HICIERON: Del Universo a los átomos y al ADN (el asombroso "programa" que genera a los seres vivos)

LAS TRES LEYES DE KEPLER DEL MOVIMIENTO PLANETARIO

El orden descubierto por Kepler

LOS DESCUBRIMIENTOS DE KEPLER Y GALILEO: Newton "a hombros de gigantes"

Los estudios de Galileo sobre el movimiento

LA PUESTA EN MARCHA DE LA FÍSICA MODERNA

La unificación de Newton
PRINCIPIOS MATEMÁTICOS

¿Cómo se miden las distancias a los astros?

Las variables cefeidas

¿Cómo se forman las estrellas?

Galaxias, cúmulos galácticos y supercúmulos

¿Cómo surgió la teoría del Big Bang?

EL MULTIVERSO: UNIVERSOS PARALELOS Y DIMENSIONES OCULTAS

Modelos de Universo

DE NEBULOSAS A GALAXIAS: se amplía el tamaño del universo
Nuestra Galaxia: la Vía Láctea

LA REFRACCIÓN DE LA LUZ: Fuente de belleza y de conocimiento

La refracción de la luz

¿Por qué el cielo es azul y rojos los atardeceres?

¿Cómo se midió la velocidad de la luz?

¿Cómo se formó el Sistema Solar?

GEOLOGÍA I : La Tierra en el comienzo

El tiempo geológico

La Tierra en el comienzo

GEOLOGÍA II: Orogénesis, la formación de las grandes cordilleras

GEOLOGÍA III: El ciclo de Wilson y los supercontinentes

La deriva continental

¿Cómo se conoce la composición interna del planeta?
La Tectónica de placas

¿Cómo se calcula la edad de la Tierra?

EL TAMAÑO DE LA TIERRA, LA INCLINACIÓN DE SU EJE Y LA PRECESIÓN DE LOS EQUINOCCIOS

¿Cómo se calculó en la antigüedad el tamaño de la Tierra?

¿Cómo se determina cuantos grados de inclinación tiene el eje terrestre, con relación al plano de su órbita alrededor del Sol?

¿Qué es la precesión de los equinoccios y a qué se debe?

LOS QUÍMICOS: Precursores en la investigación del átomo

Mecánica estadística. La teoría cinética de los gases

La Hipótesis de Avogadro

Los pesos atómicos relativos. Definición de mol

Las leyes de la Termodinámica

Otras fuerzas

LA RELATIVIDAD ESPECIAL I: El tiempo se ralentiza y el espacio se acorta

La unificación de Maxwell

El origen de la teoría de la relatividad

La relatividad de la simultaneidad

El espacio de Minkowski

Electromagnetismo y mecánica

LA RELATIVIDAD ESPECIAL II: La masa es energía

El aumento de la masa con la velocidad

EL UNIVERSO DE EINSTEIN: La Relatividad General

El principio de equivalencia

La "generalidad" de la Relatividad General

LA RADIACIÓN DE CUERPO NEGRO: Un descubrimiento que cambiaría drásticamente nuestro entendimiento del mundo

EINSTEIN PONE EN MARCHA LA TEORÍA CUÁNTICA: El efecto fotoeléctrico

RUTHERFORD DESCUBRE EL NÚCLEO DEL ÁTOMO

La naturaleza eléctrica de la materia

El modelo atómico de Thompson

El modelo nuclear de Rutherford

EL MODELO ATÓMICO DE BOHR

La Teoría cuántica "salva" al átomo: El modelo de Bhor

El modelo de Bohr y el espectro del hidrógeno

EL PRINCIPIO DE EXCLUSIÓN DE PAULI Y LA TABLA PERIÓDICA

MECÁNICA CUÁNTICA I : Las matrices de Heisenberg

La nueva mecánica cuántica

Las matrices de Heisenberg

MECÁNICA CUÁNTICA II: Las ondas de De Broglie

La idea de De Broglie

MECÁNICA CUÁNTICA III: La ecuación de Schrödinger y la formulación de Dirac

La formulación de Dirac, la mecánica matricial, y la mecánica ondulatoria.

El principio de indeterminación y las ondas de probabilidad

¿Por qué las *ondas de Schrödinger* no son como las ondas familiares que se propagan en el espacio tridimensional?

¿Qué parecen decirnos la Relatividad y la Teoría Cuántica sobre la naturaleza de la realidad?

EL ELECTRÓN RELATIVISTA DE DIRAC Y EL PRINCIPIO DE EXCLUSIÓN

La supersimetría en la teoría de cuerdas

- ¿POR QUÉ NOS PARECEMOS A NUESTROS PADRES?: De las leyes de Mendel al ADN I
- Las leyes de Mendel
-
- ¿POR QUÉ NOS PARECEMOS A NUESTROS PADRES?: De las leyes de Mendel al ADN II
-
- Moléculas orgánicas
-
  - EL CUERPO HUMANO Y SU ASOMBROSA COORDINACIÓN
  - LOS MÚSCULOS
  - LOS HUESOS Y LAS ARTICULACIONES
  - EL APARATO DIGESTIVO
  - EL APARATO RESPIRATORIO
  - EL APARATO CIRCULATORIO
  - SISTEMA NERVIOSO Y ORGANISMO
  - **SECCIÓN DE MATEMÁTICAS**
  - EXPLICACIÓN DE LA LÓGICA TRAS LOS CONCEPTOS ESENCIALES DE LAS MATEMÁTICAS
  - MATEMÁTICAS SIN FÓRMULAS
  - Calculando áreas y volúmenes
  - ¿Qué es una ecuación?
  - ¿Qué es una función?
  - El cálculo infinitesimal
  - EL DESCUBRIMIENTO DE LAS MATEMÁTICAS
  - **DERIVADAS E INTEGRALES**
  - (Cálculo infinitesimal: diferencial e integral)

(DERIVADAS) ÍNDICE

- ¿Qué es el cálculo infinitesimal?
- Derivada de un producto de funciones
- Derivada del producto de una constante por una función
- Derivada de la función idéntica
- Derivada de un producto de varias funciones
- Derivada de la potencia de una función
- Derivada del seno
- Derivada del coseno
- Derivada de una función de función (regla de la cadena)
- Derivada del logaritmo en base "a" de "x"
- CAMBIO DE BASE AL USAR LOGARITMOS
- Derivada del logaritmo natural (o neperiano) de "x"
- Derivada de la función inversa
- Derivada de la función $y = a^x$
- Derivada de la función exponencial $y = e^x$
- Derivada del logaritmo natural (o neperiano) de cualquier función $y = \ln u$, donde $u = f(x)$
- Derivada de una potencia de exponente fraccionario o negativo

TABLA DE DERIVADAS
CÁLCULO INTEGRAL

- CÁLCULO INTEGRAL: INTEGRALES Y MÉTODOS DE INTEGRACIÓN

- UNA FORMA DISTINTA DE "SUMAR"
- **TABLA DE INTEGRALES**

- **INTEGRACIÓN POR PARTES**

- **INTEGRACIÓN POR SUSTITUCIÓN (O CAMBIO DE VARIABLE)**

- MATEMÁTICAS, "LA POESÍA DE LA NATURALEZA"
- **RELATIVIDAD GENERAL**

EXPLICACIÓN DE LAS MATEMÁTICAS QUE UTILIZA

MATEMÁTICAS PARA LA RELATIVIDAD GENERAL

Transformación de coordenadas

Cómo pasar de un sistema de coordenadas a otros

Tensores (magnitudes tensoriales)

Uso de subíndices y superíndices en "Cálculo tensorial"

Operaciones con tensores

Rango de un tensor

El tensor fundamental

La "métrica" o "tensor métrico"

El "intervalo": el objeto geométrico fundamental

La Derivada covariante

Símbolos de Christoffel

Cómo se deriva un "determinante"

Ecuación de las geodésicas

El tensor de curvatura (Tensor de Riemann-Christoffel)

- CONVENIO DE SUMA
- ECUACIONES DE LAS GEODÉSICAS
- OPERACIONES CON TENSORES
- CUADRIVECTOR CONTRAVARIANTE
- SUMA Y RESTA DE TENSORES
- CUADRIVECTOR COVARIANTE
- **Desarrollo de una ecuación tensorial**
- TENSORES DE ORDEN SUPERIOR
- TENSORES CONTRAVARIANTES DE ORDEN SUPERIOR

- Tensor de tercer orden contravariante
- **TENSORES COVARIANTES DE ORDEN SUPERIOR**
- DETERMINANTES
- MATRICES Y DETERMINANTES
- MULTIPLICACIÓN DE DETERMINANTES
- OBTENCIÓN DE LA MATRIZ INVERSA
- **MULTIPLICACIÓN POR LA MATRIZ IDENTIDAD**
- **MENORES Y COFACTORES**
- COFACTORES
- **MATRIZ TRANSPUESTA**

- MULTIPLICACIÓN POR LA MATRIZ IDENTIDAD

- INVERSA DE UNA MATRIZ
- REGLA GENERAL PARA HALLAR LA INVERSA DE UNA MATRIZ
- $\widehat{A}$ = *Adjunta de A*
- "DESARROLLO DE LAPLACE" DE UN DETERMINANTE
- DEMOSTRACIÓN GENERAL DEL MÉTODO PARA HALLAR LA INVERSA DE UNA MATRIZ
- DERIVADA DEL "TENSOR FUNDAMENTAL"
- ¿QUIERES SUMARTE AL VIAJE INTERMINABLE?
- ¿ESTAMOS TAL VEZ PASANDO POR ALTO LA CLAVE PRINCIPAL?
- **INDICIOS EN NUESTRA HISTORIA RECIENTE**
- **EL "LADO OSCURO" Y UNA REFLEXIÓN FINAL**
- **LA ASOMBROSA Y ESTREMECEDORA HISTORIA DE LA "BOMBA ATÓMICA"**
- LOS HOMBRES QUE ESTUDIABAN LAS ESTRELLAS
- **LAS DESIGUALDADES DE NUESTRA "CIVILIZACIÓN AVANZADA"**
- **EL AGOTAMIENTO DE LOS RECURSOS DEL PLANETA**
- **INDICIOS EN LA INGENIOSA ESTRUCTURA MATEMÁTICA DEL MUNDO**

- ¿A qué conclusiones podemos llegar?
- ¿Qué es la realidad?
- TIEMPO Y ETERNIDAD

- El "Universo en bloque", intemporal e inmutable, y el "libre albedrío"

CONCLUSIÓN

- ÍNDICE
- EXPLICACIÓN DE LA LÓGICA TRAS LOS CONCEPTOS ESENCIALES DE LAS MATEMÁTICAS
- MATEMÁTICAS SIN FÓRMULAS
- Calculando áreas y volúmenes

- ¿Qué es una ecuación?
- **¿Qué es una función?**
- El cálculo infinitesimal
- EL DESCUBRIMIENTO DE LAS MATEMÁTICAS
- **DERIVADAS E INTEGRALES**
- (Cálculo infinitesimal: diferencial e integral)
- **(DERIVADAS) ÍNDICE**
- ¿Qué es el cálculo infinitesimal?
- Derivada de un producto de funciones
- Derivada del producto de una constante por una función
- Derivada de la función idéntica
- Derivada de un producto de varias funciones
- Derivada de la potencia de una función
- Derivada del seno
- Derivada del coseno
- Derivada de una función de función (regla de la cadena)
- Derivada del logaritmo en base "a" de "x"
- CAMBIO DE BASE AL USAR LOGARITMOS
- Derivada del logaritmo natural (o neperiano) de "x"
- Derivada de la función inversa
- Derivada de la función $y = a^x$
- Derivada de la función exponencial $y = e^x$

- Derivada del logaritmo natural (o neperiano) de cualquier función $y = \ln u$, donde $u = f(x)$
- Derivada de una potencia de exponente fraccionario o negativo
- **TABLA DE DERIVADAS**
- **CÁLCULO INTEGRAL**
  - CÁLCULO INTEGRAL: INTEGRALES Y MÉTODOS DE INTEGRACIÓN

- UNA FORMA DISTINTA DE "SUMAR"
- **TABLA DE INTEGRALES**

- **INTEGRACIÓN POR PARTES**

- **INTEGRACIÓN POR SUSTITUCIÓN (O CAMBIO DE VARIABLE)**

SUCESIONES Y SERIES

SUCESIONES Y SERIES

DESARROLLO DE FUNCIONES EN SERIE DE POTENCIAS

ÍNDICE

SUCESIONES Y SERIES

Sucesión

Límites de sucesiones

El desarrollo de la potencia de un binomio

El método de diferencias

Series infinitas

Criterios de convergencia

El criterio de comparación

Criterio del cociente de D´Alembert

Criterio integral de Cauchy

Series alternadas

REPRESENTACIÓN DE FUNCIONES POR SERIES

Series infinitas

La serie geométrica

Series de Mclaurin y de Taylor

Series de potencias

Serie de Mclaurin

Series de Taylor

¿POR QUÉ REPRESENTAR O APROXIMAR FUNCIONES COMO DESARROLLOS EN SERIES DE POTENCIAS?

APROXIMACIÓN DE STIRLING PARA EL CÁLCULO DE FACTORIALES ELEVADOS

APROXIMACIÓN DE STIRLING PARA EL CÁLCULO DE FACTORIALES ELEVADOS

OBTENCIÓN DE LA SERIE DE TAYLOR

¿POR QUÉ APARECEN FACTORIALES EN TANTAS FÓRMULAS?

¿POR QUÉ FUNCIONA LA APROXIMACIÓN DE STIRLING?

ÍNDICE

INTRODUCCIÓN

OBTENCIÓN DE LA SERIE DE MCLAURIN

OBTENCIÓN DE LA SERIE DE TAYLOR

FACTORIALES

PERMUTACIONES

El desarrollo de la potencia de un binomio

FACTORIALES EN LAS SERIES DE MCLAURIN Y DE TAYLOR

CÁLCULO DE FACTORIALES PARA VALORES ELEVADOS DE "N"

APROXIMACIÓN DE STIRLING

¿POR QUÉ FUNCIONA LA APROXIMACIÓN DE STIRLING?

- MATEMÁTICAS, "LA POESÍA DE LA NATURALEZA"

• RELATIVIDAD GENERAL

EXPLICACIÓN DE LAS MATEMÁTICAS QUE UTILIZA

MATEMÁTICAS PARA LA RELATIVIDAD GENERAL

Transformación de coordenadas

Cómo pasar de un sistema de coordenadas a otros

Tensores (magnitudes tensoriales)

Uso de subíndices y superíndices en "Cálculo tensorial"

Operaciones con tensores

Rango de un tensor

El tensor fundamental

La "métrica" o "tensor métrico"

El "intervalo": el objeto geométrico fundamental

La Derivada covariante

Símbolos de Christoffel

Cómo se deriva un "determinante"

Ecuación de las geodésicas

El tensor de curvatura (Tensor de Riemann-Christoffel)

- **CONVENIO DE SUMA**
- **ECUACIONES DE LAS GEODÉSICAS**
- OPERACIONES CON TENSORES
- **CUADRIVECTOR CONTRAVARIANTE**
- SUMA Y RESTA DE TENSORES
- CUADRIVECTOR COVARIANTE

- Desarrollo de una ecuación tensorial
- TENSORES DE ORDEN SUPERIOR
- TENSORES CONTRAVARIANTES DE ORDEN SUPERIOR

- Tensor de tercer orden contravariante
- TENSORES COVARIANTES DE ORDEN SUPERIOR
- DETERMINANTES
- MATRICES Y DETERMINANTES
- MULTIPLICACIÓN DE DETERMINANTES
- OBTENCIÓN DE LA MATRIZ INVERSA
- MULTIPLICACIÓN POR LA MATRIZ IDENTIDAD
- MENORES Y COFACTORES
- COFACTORES
- MATRIZ TRANSPUESTA

- MULTIPLICACIÓN POR LA MATRIZ IDENTIDAD

- INVERSA DE UNA MATRIZ

- REGLA GENERAL PARA HALLAR LA INVERSA DE UNA MATRIZ

- $\hat{A} = $ *Adjunta de A*
- "DESARROLLO DE LAPLACE" DE UN DETERMINANTE

- DEMOSTRACIÓN GENERAL DEL MÉTODO PARA HALLAR LA INVERSA DE UNA MATRIZ

DERIVADA DEL "TENSOR FUNDAMENTAL"

www.ingramcontent.com/pod-product-compliance
Lightning Source LLC
Chambersburg PA
CBHW070912220526
45466CB00005B/2196